El Derecho a existir

Testimonio

NOTAS AL ALMA

NATURPAZ 30 ANIVERSARIO

Lic. Leonel Morejón Almagro

ISBN-13:

978-1717360298

@ Lic. Adela Soto Alvarez

Autor: Lic. Leonel Morejón Almagro

ISBN-10:

1717360297

Your book has been assigned a CreateSpace ISBN.

A la memoria de Julito Martínez

Porque el azul nos unió

Y nos sigue iluminando

Produce una inmensa tristeza pensar que la naturaleza habla mientras el género humano no la escucha.

Víctor Hugo

"La vida tocando las puertas del alma. La creencia en que una carta puede cambiar el mundo. La certeza en que los sueños pueden construir galaxias."

PROLOGO

EL DERECHO A EXISTIR. Es un testimonio del abogado y poeta cubano, Leonel Morejón Almagro, residente en EEUU, y quien desde una óptica muy positiva nos expresa una realidad que no podremos olvidar y que no es otra que la valentía que tuvieron un buen número de disidentes encabezados por él y su pensamiento de libertad, contra el régimen imperante en la isla caribeña, cuando se dieron a la tarea de crear el grupo ecologista NATURPAZ como una de las tantas formas de lucha pacífica por rescatar a Cuba del yugo opresor que ejerce el totalitarismo y sus leyes advitrarias, a la vez de poder defender con tenacidad la flora y fauna, tantas veces mancillada al igual que sus derechos.

Desde el comienzo de la interesante e histórica lectura de este testimonio, nos adentramos en detalles que nos hacen conocer mucho mejor los procesos disidentes y los conflictos que pueden truncarnos sino tenemos esa interesa y voluntad férrea de amor a la Patria como la tuvieron ellos.

Por lo que nos está a bien señalar que después de un tiempo de reflexión y decisión comenzó en 1986 los primeros granitos de arena para la protesta que no dejo de germinar dentro del pecho de en aquel entonces el joven estudiante Morejón Almagro, quien a pesar de las rejas, los acosos, y los lavados de cerebro, siempre se mantuvo firme a sus ideales.

Lo importante para el licenciado Morejón Almagro autor del testimonio EL DERECHO A EXISTIR, el cual relata con espontaneidad absoluta y sin dejar de estar sujeto al azul de sus sueños todo lo acontecido, es que podemos conocer por su propia voz las causas reales que condujeron al nacimiento del grupo ecologista NATURPAZ sus avatares y victorias, y posteriormente como dio paso a anunciarse su primera convocatoria el 10 de Octubre de 1995, en las páginas del periódico estadounidense El Nuevo Herald, con el orgullo de que NATURPAZ participó entre los primeros 150 firmantes y convocantes al evento de lo que fuera posteriormente "Concilio cubano".

Y así sin titubeos el joven comunista de 1985 murió y nació el disidente en Villa Marista y en la sede de la U.J.C. en F y 15 en el Vedado.

Dejemos a los lectores la última palabra.

Lic. Adela Soto Álvarez

Periodista y escritora cubano americana

Tratar de seguir la apertura de mi héroe Mijaíl Sergeyevich Gorbachov durante el invierno de 1985 en La Habana me obligó a pagar cinco pesos por "Novedades de Moscú" a contrabando, un periódico que solo era usado antes de la perestroika y la glasnost como papel de baño.

Los cubanos en busca de aperturas encontramos en las insólitas páginas del "Novedades de Moscú," y la revista "Spunik" una respuesta a nuestras ansias democráticas. La perestroika y la glasnost calentaban la esperanza mientras escribía los versos en mi primer libro de poemas titulado "Testamento."

El título macabro recreaba los temores que llenaban mis días de estudiante a los 21 años. En la revista "El Correo de La Unesco" descubrí en el invierno de 1985 que La Unión Soviética y Los Estados Unidos poseían misiles nucleares capaces de exterminar más de veinte veces los seres humanos en la Tierra. Leyendo el "Correo de la Unesco" también me enteré que Naciones Unidas había declarado el próximo año 1986 como "Año Internacional de la Paz."

Unos días después con la imagen de un planeta destrozado a cohetazos aun reminiscente en el celebro, escuché a Manolo Ortega en el noticiero de las ocho leer un comunicado condenando "la guerra de las galaxias." Un intento del ex presidente norteamericano Ronald Reagan de llevar la carrera de armas nucleares al espacio y acelerar aún más la carrera armamentista.

Sentado en el cuarto de mi difunta abuela Mercedes Rodríguez en Calle Primera, Arroyo Naranjo el comunicado me hizo saltar como un resorte y asustar a mi madre María Mercedes sin proponérmelo. Comencé a gritarle al televisor y a Manolo Ortega en su perturbada lejanía.

Me apresuré a mi cuarto arrebaté la vieja máquina de escribir Underwood de la modorra silenciosa de mi Chifforobe. Le escribí una carta de protesta a Ronald Reagan de un tirón.

Mi madre nunca creyó Manolo Ortega fuera un genuino comunista ni fidelista.

_ "Él debe estar fingiendo para sobrevivir como el resto de nosotros." Me decía, "el pobre hombre ya no puede ni anunciar la cerveza Hatuey."

_ "Si está fingiendo lo hace muy bien" Siempre le respondía.

Rubén Darío escribió que la juventud es un divino tesoro. Hoy a mis cincuentas deploro amargado las acciones del monarca tirano comunista Kim Jong-un en celebrar las pruebas de sus macabras bombas atómicas en el Norte de Corea con fuegos artificiales. La protesta vive taciturna dentro de mi pecho, en 1986 hubiera convocado a los amantes del azul para protestar frente a la Embajada Coreana en calle 17 No. 752 Esq. a Paseo en el Vedado, La Habana, Cuba.

El tesoro de los jóvenes cantado por Darío es la urgencia de los sueños, la impaciencia en salvar el futuro. La vida tocando las puertas del alma. La creencia en que una carta puede cambiar el mundo. La certeza en que los sueños pueden construir galaxias.

Leí la carta a los amigos del Reparto, Manuel Cruz Duarte, Juan José López Díaz y Oscar González Guillarte. Ellos compartieron mi lógica irrevocable: Salvar al planeta de una hecatombe nuclear es responsabilidad de todo ser humano y deseaban firmar la carta.

En los días siguientes el periódico "Granma" publicó un anuncio que los cubanos serian autorizados a crear asociaciones gracias a una nueva ley. Regresé a ver a mis amigos con la carta y les mostré dos cambios.

La carta, en vez de ser dirigida al Presidente Ronald Reagan tenía como destinatario al Congreso Norteamericano y el pie de firma leía:

AGRUPACION DE ECOLOGISTAS Y PACIFISTAS CUBANOS (NATURPAZ).

En un carretilla los amigos del reparto me ayudaron a transportar, caminando ida y vuelta una postura de Caoba que nos regalaron en un vivero de árboles ubicado en las cercanías del Hospital Nacional "Enrique Cabrera" en Alta Habana, Municipio Boyeros hasta el Reparto Rosario, Arroyo Naranjo.

El 9 de Febrero de 1986, sembramos la Caoba en el terreno frente a la "Casa del Te" del Parque Lenin en Ciudad de La Habana. Naturpaz nació con la lectura de la carta a la caoba recién sembrada. Fue un compromiso con la vida (el árbol) a luchar por la vida.

La primera misión de la Agrupación fue recoger firmas para la carta y con la recogida de firmas la agrupación creció.

Se efectuaron elecciones, se discutieron y aprobaron estatutos en la Biblioteca Nacional José Martí.

La Agencia Nacional de Información (AIN) en el Vedado fue la primera organización noticiosa que recibió copia de los estatutos y por cierto no solo recibieron la creación de la agrupación eco-pacifista con brazos abiertos fueron tan amables en hacernos 185 copias de los mismos.

Me entrevisté con la señora Marta Mena en el Ministerio de Justicia quien fue la primera funcionara designada para tramitar la legalización en el registro nacional de Asociaciones en Cuba.

 A la señora Mena le entregué una copia de los estatutos de Naturpaz. Una lista con nombres y apellidos de 164 miembros con dirección, y número de Carnet de Identidad.

 Una solicitud oficial para legalizar la Agrupación designando a la Unión de Jóvenes Comunistas, y a la Academia de Ciencias como órganos coordinadores de Naturpaz. Los órganos de coordinación era un requisito establecido por La Ley de Asociaciones N.54/85el 27 de Diciembre de 1985.

 La señora Mena me recibió con una sonrisa de oreja a oreja. Me comento:

-"Que buena idea muchacho, esta va ser la primera asociación ecologista en el país."-

Cuando regrese a buscar una repuesta no me miraba a la cara, evadía mis preguntas, las sonrisa desaparecida y su rostro duro fue una mejor respuesta que la que sus labios me decían.

_ "Va a tomar un tiempo porque los reglamentos de la Ley tenían que ser aprobados por el Consejo de Estado. Era evidente que la Seguridad del Estado y no el Consejo de Estado decidirían el futuro.

Según lo acordado en las elecciones en la Biblioteca Nacional en los documentos que le entregue a la Señora Mena aparecía mi nombre como Presidente y la poetisa, pintora, y cantautora Ada Elba Pérez como Coordinadora Nacional de Naturpaz.

Ada Elba Pérez trabajaba en aquel entonces como instructora de Artes Plásticas en la Casa de la Cultura del Vedado. Ada Elba quien me leyera sus poemas en la casa del Té de la calle G, con sus ojos grandes y su voz de riachuelo. Ada Elba que tejía arcoíris tristes y sonidos de sinsontes en las matas de guayabas de su Jarahueca natal.

Naturpaz creo un grupo de teatro conformado por niños. El grupo teatral "Alfredo Bhrem" con la idea de promover el amor, la protección, el respecto a los animales, e incrementar la cultura de paz entre los niños cubanos.

El grupo de teatro debutó exitosamente con una adaptación teatral a un poema de Nicolás Guillen en la Casa de la Cultura de 10 de Octubre en los inicios de 1986.

La Casa de la Cultura del Municipio 10 de Octubre estaba ubicada en la que una vez fuera la mansión de la acaudalada familia Parraga. El debut del grupo de teatro *Alfredo Bhrem* fue parte de una actividad cultural más amplia titulada.

"UN CALDO POR LA PAZ" bajo el lema *"UNA INVITATION A TODOS LOS HOMBRES DE BUENA VOLUNTAD A SENTARSE A LA MISMA MESA"*.

El primer "Caldo Por La Paz" en Diez de Octubre fue una labor cultural comunitaria. Cada miembro del grupo aportó una malanga, un plátano, o una papa, un ají. Se cocinó un caldo con lo aportado. Trovadores como Ada Elba cantaron sus canciones, otros miembros de Naturpaz como los poetas y actores Tony Sarriego y Manuel Oña leyeron o actuaron un Monólogo, una banda de rock interpreto varias canciones. Se debatieron formas de ayudar la protección al medio ambiente y de frenar la carrera armamentista.

Se distribuyeron copias de la carta al Congreso Norteamericano y se recogieron firmas. Naturpaz invitó a La Iglesia Católica "Los Pasionistas de La Víbora," en La Habana y al Buro Provincial de la Unión de Jóvenes Comunistas al caldo por la Paz.

La Iglesia Católica asistió la Juventud Comunista no envió ningún representante.

Dos sacerdotes asistieron por los "Pasionistas." Al terminar la actividad uno de los sacerdotes expresó el apoyo de la Iglesia con las siguientes palabras: "El amor a este grupo y a su mensaje es tan alto como las torres de nuestra Iglesia."

El Palacio de Bellas Artes en Ciudad Habana abrió sus puertas a Naturpaz donde se celebraron en1986 varias lecturas de poemas, se debatieron las últimas noticias eco-pacifistas, se recogieron firmas a la carta del grupo al Congreso Norteamericano y "Tania" una actriz teatral promovió el estreno de la obra teatral "La Cuarta Pared." En una de los encuentros en el Museo de Bellas Artes, Ada Elba Pérez me presentó a Orlando Polo.   Al negarse a firmar la carta de Naturpaz Polo que era un "perestroiko" y un personaje fascinante aludió que los cambios había que hacerlos dentro del Partido.

El Granma publicó un artículo llamándole el caminante por la paz por intentar llamar la atención a los asuntos de la paz mundial caminando toda Cuba en compañía de un perro y según Ada sobrevivía a base de "sopas de piedras" durante dichas caminatas.

Ada Elba Pérez también me presentó a Pedro Luis Ferrer en una tertulia literaria.

 Las mariposas de Ferrer no volaron con la idea del grupo y en vez de apoyar, atacó el derecho de Naturpaz   a   existir   como   una   agrupación independiente con un poema de su tío. Me gustaría saber cuál es su opinión ahora después de 30 años.

Naturpaz celebró el segundo Caldo por la Paz en la Casa de la Cultura de Alamar donde se expuso y celebró la obra del escultor y poeta cubano Manuel Cruz Duarte y se invitó a participar al Grupo "Quijote" de Alamar.

Los éxitos del "Caldo Por La Paz" en 10 de Octubre y Alamar y el hecho que Naturpaz naciera de lo más puro y lo más azul del alma. No me permitió valorar que su existencia pusiera en peligro la seguridad del Estado Cubano.

 ¿Cómo Naturpaz iba a ser un peligro para el Estado Cubano cuando yo había leído la carta de Naturpaz al Congreso Norteamericano en una reunión en el Comité de Zonas de los C.D.R (comités de defensa de la revolución) en el Reparto Rosario a la cual asistía como cuadro del Comité de Zona en mi pijama? Por cierto, al terminar de leerla la gente ovacionó la carta y todos firmaron incluyendo los cuadros del Partido Comunista.

La carta afirmaba que éramos "jóvenes comunistas cubanos" buscando crear un puente de amistad con los jóvenes norteamericanos para salvar nuestro planeta.

La carta pedía al Congreso Norteamericano pronunciarse a favor de la <u>MORATORIA</u> unilateral declarada por el Presidente Soviético Mijaíl Gorbachov a nuevas pruebas de armas nucleares en la Tierra. Eso era todo.

Los problemas empezaron con el arresto de Daniel Valdez mientras recogía firmas en la calle. A Daniel se lo llevaron para la Unidad de Policía preso en Mantilla y le quitaron las firmas. Daniel le comento los pormenores de su arresto a todo el grupo en una reunión en el Patio del Morro.

El grupo entero debatió que hacer y se acordó pedir autorización para la recogida de firmas a las autoridades.

La Seguridad del Estado comenzó a visitar las casas de los miembros de Naturpaz para intimidarlos y aclarar que Leonel era un loco, divisionista ideológico y agente de la C.I.A.

El actor cubano y miembro de Naturpaz Manuel Oña (mejor conocido por su nombre artístico Eman Xor Oña en películas como *Chico y Rita, Los Dioses*

Rotos, y Malas Temporadas) me había preparado un magnifico guión para una velada cultural en la Casa del Joven Creador en La Habana Vieja.

La velada cultural jamás tuvo lugar pues Roberto Robaina y Carlos Lage ya habían ordenado la destrucción del grupo porque Fidel era el único autorizado a hablar de paz y ecología en Cuba.

Me personé en la Sede del Departamento de la Seguridad del Estado en Villa Marista y pedí una entrevista.

Deposite una copia de la carta y más de tres mil firmas arriba del buro de mi entrevistador un oficial de Seguridad del Estado.

_ "¿Cuál es el problema? Ayer un Coronel del ejército firmo esta carta mientras hacia la cola para comer helado en el Coppelia."

_ "Yo soy comunista. Mi tío Mario Almagro Rodríguez es un mártir internacionalista que perdió su vida luchando en Angola. ¿Cuál es el problema?

El oficial no leyó la carta. Estiró su mano y aparto todo el paquete con más de tres mil firmas de su persona hacia mí con una mezcla de repulsión e incredulidad.

_"Yo no leo documentos contrarrevolucionarios.-

Regresa con un cuño de una organización política, o de masas, y yo te firmo la carta." Me respondió mirándome a los ojos.

En busca del apoyo de la Unión de Jóvenes Comunistas me dirigí al Buro Nacional Ideológico en un edificio en la calle Peñalver Municipio Centro Habana.

 Allí me entrevisté con el jefe del Buró el "compañero" Raúl Castellanos Lage.

Raúl era primo-hermano de Carlos Lage Dávila quien al parecer le ofreció el puestecito al primo cuando ejercía el liderazgo de la Unión de Jóvenes Comunistas.

Raúl Castellanos Lage en vez de un cuño nos pegó amenazas. Negó todo posibilidad de apoyo diciendo que nosotros no éramos "nadie para hablar sobre la paz que en Cuba la política de Paz era la AKM y la Zona de Defensa y que el único autorizado para hablar de la paz era Fidel Castro Ruz."

Volví al siguiente día con una larga carta rechazando su postura apocalíptica y esgrimiendo la importancia del diálogo y la tolerancia en resolver los conflictos, y el uso de la cultura y la palabra como fuente de cambio, le preguntaba en la carta si nuestra única alternativa de política de paz era la AK-47 y la Zona de Defensa los jóvenes cubanos estábamos haciendo un pacto con la muerte y no con la vida, que la meta siempre debe ser la vida.

Lástima que Roberto Robaina, Raúl Castellanos, y su primo Carlos Lage, no tuvieran una bola de cristal para adivinar. Ni la agudeza mental para descifrar un axioma universal: Cooperar con los verdugos de la libertad es ayudar a asesinar la propia. Los tres Raúl, Carlos y Roberto fueron defenestrados por los Castros años después.

Mirtha Arocha Martínez, Presidenta del Movimiento Por la Paz y La Soberanía de Los Pueblos también nos amenazó en 1986, al igual que hoy nos amenazaría Agustín Lage Dávila (hermano mayor de Carlos) quien recientemente publicara un artículo en el Movimiento Por La Paz y La Soberanía de los Pueblos atacando las buenas intenciones del Presidente Barack Obama y alertando sobre los "peligros del crecimiento de la propiedad privada, y el ejercicio de libre mercado en la economía cubana."

La solución según Agustín es mayor intervención del Estado y fortalecimiento de la propiedad estatal. El problema de los Lage es el mismo que adolece el llamado "Movimiento Por La Paz y La Soberanía de Los Pueblos":

Los dos son falsos. Agustín, quizás sea buen médico pero como economista es un idiota.

El Movimiento Por La Paz y La Soberanía de Los Pueblos no es pacifista ni soberano. Por el contrario, a sus predicciones sobre la económica cubana el incremento en volumen de la propiedad privada; y el establecimiento de las garantías legales usuales en todo Estado de Derecho es la única alternativa viable para la reconstrucción económica de la Nación. Las Fuerzas Armadas y el Estado Cubano deben devolver todo dominio, control, intereses   y posesión en las ramas del turismo, industrias, y comunicaciones al sector privado.

El ataque del Buro Nacional Ideológico, El Movimiento Por La Paz y La Soberanía de Los Pueblos, la U.J.C y el P.C.C. Continúo con renovados ataques de Roberto Robaina, y el experto en Relaciones Internacionales del Partido Comunista de Cuba Humberto Cueto en una reunión en F y 15 en el Vedado a finales de 1986.

Esa reunión entre el directivo de la Unión de Jóvenes Comunistas y el ejecutivo de NATURPAZ en F y 15 en el Vedado, marcó el inicio del fin de la primera etapa de Naturpaz , y provocó su transformación en un movimiento ecologista y pacifista, ilegal y disidente.

Como Presidente de Naturpaz había solicitado a la U.J.C. Una conferencia en el Otoño de 1986 para que nos ilustraran en las "formas y medios de luchar por la paz" para obtener el famoso "cuño" exigido por el oficial en Villa Marista.

La U.J.C escogió la hora y el lugar del encuentro. El "compañero" Cueto quien decía trabajar para el Departamento de Relaciones Internacionales del Buró Político del Partido Comunista de Cuba ofreció la conferencia.

 El señor Cueto no solo nos ratificó que en Cuba el único autorizado para hablar de paz era el compañero Fidel Castro Ruz, y la mejor estrategia era la AKM y la Zona de Defensa.

El señor Cueto básicamente me acusó de "agente de la CIA" y "divisionista ideológico" en frente de todos los miembros.

La prueba más contundente usada para demostrar que yo era un "agente de la CIA" era mi tendenciosa redacción del artículo "Tercero" en los estatutos:

"NATURPAZ era una agrupación _INDEPENDIENTE_ aunque tuviera vínculos de coordinación con la U.J.C y la Academia de Ciencias de Cuba."

Cada vez que Cueto mencionaba la palabra "independiente" era como si un puñal caliente le estuviera atravesando el corazón.

La segunda prueba de que era "divisionista ideológico" fue contactar a la Iglesia Católica Cubana en particular la visita de los sacerdotes jesuitas de los "Pasionistas de la Víbora," al Caldo por la Paz en la casa de Cultura de 10 de Octubre.

La reunión entre Naturpaz y la U.J.C tuvo lugar en una sala de conferencias dentro de la casona de F y 15 en el Vedado. Los cuadros del Partido y la U.J.C se sentaron a un lado de una larguísima mesa en una sala de conferencias.

Por la U.J.C estaba Ruperto Herrera (el mismo Ruperto del equipo nacional de baloncesto), Humberto Cueto, Roberto Robaina, Oscar García, Alfredo Palomares, un Psicólogo cuyo nombre no recuerdo (me imagino para descifrar cual de nosotros estaba más loco), y otros.

 A nuestro lado de la mesa Ada Elba Pérez, Oscar González Guilarte, Manuel Cruz Duarte, Daniel Valdez, Juan José López Díaz, Tony Sarriego, Grisel Fernández, Antonio Zamora, quien escribe estas líneas y otros cuyos nombres escapan de mi memoria.

Cueto a nombre del P.C.C no sólo desestimó la viabilidad de NATURPAZ como asociación eco-pacifista en Cuba. Criticó la ideología ecologista y pacifista a nivel mundial como una idea de locos, hippies y dragaditos.

Como Presidente de NATURPAZ, me opuse a las definiciones del Partido Comunista y su representante Cueto en un debate vehemente.

Treinta años después aun hoy recuerdo ver en los ojos de algunos de mis adversarios una sombra de simpatía y entendimiento pero el miedo fue más poderoso que la razón, la lógica o la verdad.

El mismo miedo que aun hoy incapacita lo mejor de la sociedad cubana a debatir con decoro los argumentos de la oposición y el exilio.

El miedo que en aquel debate en la sede del UJC incluso inmovilizó a los miembros de mi propia agrupación en 1986 cuando fuimos atacados en F y 15.

Cuando atacaron mi acercamiento a la Iglesia Católica.

Mi respuesta fue defenderme con el estatuto que tanto odiaban. Les explique:

 NATURPAZ es una asociación _independiente_ y como _independiente_ invitó a la U.J.C y la Iglesia Católica a los "Caldos por La Paz."

_"La Iglesia Católica Cubana asistió y apoyó a Naturpaz. Ustedes no solo no asistieron, hoy nos tildan de locos y drogadictos. Bertrand Russell, and Albert Einstein fueron pacifistas esos son los hombres que nos inspiran." Le dije a Cueto.

Acto seguido me preguntaron que yo pensaba de Andreid Sakharov un científico y disidente Soviético y les exprese que en mi opinión Sakharow o Sajarov era un magnifico hombre y científico quien servía con su obra y sus ideas a la humanidad.

Mi opinión causó un suspiro de reprocho y consternación al otro lado de la mesa.

El debate más ardiente lo causó mi respuesta a una pregunta del "compañero" Cueto.

_" ¿Qué opinas de los misiles nucleares soviéticos?"

Le respondí.

_ "Los misiles nucleares soviéticos al igual que los norteamericanos son malos para la humanidad e injustificables."

Cueto me interrumpió agresivamente acusándome de "Agente de la C.I. A." Y de "Divisionista Ideológico" dirigiéndose a los presentes a ambos lados de la mesa.

El pánico sembrado por el Sr. Cueto representando al Partido Comunista de Cuba en la sala de conferencia fue tan espeso que aplastó la gente en sus asientos.

El funcionario del Partido informó a los presentes después de la acusación que los misiles nucleares soviéticos tenían una "filosofía política" y que mi análisis era un peligro para la defensa de la paz por el bloque socialista.

_"El problema de Leonel, es su ingenua o intencionada respuesta romántica al problema filosófico detrás de los cohetes.

 Su alejamiento de la necesaria concepción dialéctica e histórica en el enfrentamiento ideológico al capitalismo. En particular al imperialismo norteamericano.

Los cohetes nucleares soviéticos tienen que ser valorados como armas defensivas porque defienden la Paz y al Socialismo mundial.

Los cohetes nucleares norteamericanos deben ser valorados como armas ofensivas en su política imperialista mundial. "

A esa altura del debate, Ada Elba Pérez me había mandado un papelito por debajo de la mesa a través de Oscar González Guilarte.

_"Por favor no insistas nuestra posición es insostenible."

Miré sobre mis hombros a ambos lados de la inusitada extensa mesa de conferencias donde el ejecutivo en pleno y varios miembros de NATURPAZ estamos sentados.

Muchas caras petrificadas en miedo. Otros como las de mis amigos del barrio Juan José y Oscar me decían con los ojos te lo "advertimos estos descarados no van a permitirnos ser independientes."

Era evidente, un invisible puente se había cruzado. Sentado entre los miembros de mi grupo al centro de la mesa me levante me guarde el papelito de la adorable amiga Ada Alba en el bolsillo, y le grité al "compañero" Cueto a voz en cuello: .

_"El que está equivocado es usted y el Partido Comunista. Los misiles no son un problema filosófico. Los misiles son un problema de Vida o Muerte. Las armas nucleares no tienen filosofías. Las armas nucleares no tienen ideologías.

Los misiles nucleares norteamericanos y soviéticos no son un problema filosófico son un problema para la supervivencia del planeta y su humanidad. Cueto,

Para hacer filosofía hay que estar vivo. La filosofía no vive en el abismo. Las grandes escuelas de filosofía y sus filósofos desde Pitágoras, Platón, y Aristóteles, hasta Hegel, Engels, y Marx tuvieron que haber nacido del vientre de una madre antes de hacer filosofía.

Los misiles SS soviéticos son tan malos como los Pershings, los Tridents, o los Mx para la humanidad PORQUE EL DÍA QUE LOS MISILES SALGA DE SUS SILOS SE ACABARON LAS FILOSOFÍAS. LAS ARMAS NUCLEARES REPRESENTAN UN PROBLEMA DE VIDA O MUERTE PARA LA HUMANIDAD NO UN PROBLEMA FILOSÓFICO. LAS FILOSOFÍAS NO PUEDEN SOBREVIVIR A UN PLANETA MUERTO. FILOSOFAR LA EXISTENCIA DE LA ARMAS NUCLEARES BAJO CUALQUIER PRETEXTO ES JUSTIFICAR Y GARANTIZAR SU EVENTUAL USO.”

En los primeros meses de 1987, la coordinadora nacional Ada Elba Pérez pidió al ejecutivo cancelar todas las actividades de Naturpaz en una reunión en casa de Antonio Sarriego en el Reparto Los Pinos.

 Todos los miembros del grupo habían sido visitados, amenazados, y advertidos con sufrir funestas consecuencias laborales y penales de continuar apoyando a Leonel quien era según los agentes de la Seguridad del Estado uno o varios de las siguientes cosas, “loco”, “homosexual”, “divisionista ideológico”, y “agente de la CIA”.

El miedo triunfó sobre el amor a la paz y la naturaleza. La U.J.C. andaba circulando un video por todas las Provincias elaborado por el Partido Comunista alertando a sus miembros de nuevas tendencias "divisionistas" y maniobras "imperialistas" Naturpaz ocupaba la mayor parte de los ataques del video.

Mi primera "entrevista en Villa Marista" en un incontable número de detenciones, arrestos y entrevistas ocurrió días después de la reunión de Los Pinos.

El Capitán Duran me confesó en la entrevista en "Villa" que ellos sabían de mis buenas intenciones. Pero que de "buenas intenciones estaba empedrado el camino del infierno."

-"Nosotros no podemos permitir un grupo independiente tenga las intenciones que tenga me confirmó."

-"Te vamos a dejar continuar estudiando Derecho pero tienes que firmar este compromiso a suspender las actividades de Naturpaz y aceptar que Fidel es el único que puede hablar de la Paz."

Firmé el documento con la idea de graduarme de abogado, reactivar Naturpaz, y combatir el sistema desde adentro.

El joven comunista de 1985 estaba muerto. El disidente había nacido en Villa Marista y en la sede de la U.J.C. en F y 15 en el Vedado.

Mantuve viva a Naturpaz el resto de mis años de estudiante de Derecho de una forma más académica. Los villanos de "villa" se hicieron de la vista "gorda" en varias ocasiones y me dejaron violar "el compromiso."

En 1989 impartí una Conferencia en la Sede de la Sociedad de Artistas y Artesanos de Cuba en los bajos del teatro "Mariana Grajales" en la Víbora con el título "El Internacionalismo Proletario Cubano y los Conflictos Regionales en África."

En la conferencia denuncié la participación de las tropas cubanas en las guerras civiles y los conflictos regionales en el África.

Afirmé públicamente que enviar tropas cubanas al continente Africano fue un error político, con un costo humano, económico y ecológico injustificado.

Las tropas cubanas participaron en conflictos civiles como elementos foráneos tratando de alterar el orden geopolítico mundial.

El distinguido miembro de Naturpaz Juan José López Díaz disertó una ponencia sobre las técnicas compulsivas y fraudulentas para promover la participación de la juventud cubana en la Guerra de Angola.

Todos los demagogos provienen del mismo lodazal por eso no me sorprende que el actual presidente norteamericano Donald Trump alguna veces emana la misma hediondez demagoga usada por Fidel Castro.

Fidel Castro justificó la participación de tropas cubanas en África en un discurso en la Plaza de la Revolución diciendo que "los cubanos teníamos una deuda de sangre con la historia."

Por supuesto como la mayor parte en la retórica castrista, el argumento fue usado solo por efecto pero era intelectualmente estéril, absurdo, e infundado.

Los esclavos no fueron enviados por un gobierno a luchar por la independencia Cubana de España.

Los esclavos no representaban un país, una tribu, ni una ideología política del continente Africano.

Los negros esclavos fueron traídos a la fuerza y lucharon como cubanos por la libertad de su país que era Cuba y como seres humanos por la libertad de sus cadenas.

 Dictar la Conferencia fue una deuda que tenía con mi querido tío materno Mario Almagro Rodríguez quien murió en una misión Internacionalista en 1976 en Angola.

La conferencia fue tan pequeña que sobro cake en un país donde el cake es un lujo y quizás pasó inadvertida o los órganos de inteligencia, o me la "dejaron correr."

El exilio de Meginstu Hailem Mariem en Zimbabwe en 1991, fue una validación histórica fundamental de mis argumentos en esa conferencia. Meginstu Hailem Mariem quien permanece acusado de Genocidio en su país fue condecorado por su admirador y amigo Fidel Castro Ruz con la orden y medalla José Martí.

El mayor honor otorgado por la República de Cuba. Sin dudas, una de las mayores infamias cometidas por Fidel Castro Ruz al legado y la memoria del Apóstol.

Por supuesto los genocidas se ayudan unos a otros y tratan de cubrir sus fetideces usurpando la herencia de los verdaderos hijos de la luz.

En 1991 fui detenido cuando traté de protestar frente a las sede de la Unesco en al Habana por los daños ecológicos causados por Sadam Hussein al invadir Kuwait. El Oficial que me arresto fue tan amable de decirme:

_"Entendemos tu frustración pero no podemos permitir que te expreses de esa forma."

III. EN APARIENCIA LOS MUERTOS NO HABLAN

Después de graduarme de Abogado en La Universidad de La Habana en 1991 la magia de Naturpaz cedió terreno al fervor con que ejercí el Derecho Penal como Abogado Agramontista.

Un destello de luz inspirado por los colegas penalistas Dr. Rene de Jesús Gómez Manzano y Dr. Jesús Faisell Iglesias al que brinde todo mi esfuerzo. Ejercer como Abogado Agramontista en los salas de justicia fue una continuación armoniosa de mi acción disidente en Naturpaz.

El abogado Ignacio Agramonte favoreció, promulgó y logró que la Asamblea Constituyente de Guáimaro del 10 de Abril de 1869 aceptara su visión para Cuba de una Republica con división entre los poderes legislativo, ejecutivo, y judicial.

Zambrano y Agramonte se aseguraron como escritores de la Constitución de Guáimaro; que el poder civil estuviera por encima del poder militar y que fuera la fuerza controladora de la nación.

En los inicios de 1995 Naturpaz abre su segunda etapa con "La Declaración del Rio Almendares" en una conferencia que ofrecí en las orillas del Rio debajo del puente que divide a Miramar y Playa.

La "Declaración del Rio Almendares" ratificó la aspiración de Naturpaz de trabajar por el desarrollo sostenido del medio-ambiente en Cuba. Proteger los recursos naturales y promover una cultura ecológica integral con la base económica de la nación.

Se insistió en la necesidad del respecto a las leyes ambientales, por segunda vez se solicitó el saneamiento ambiental del Rio Almendares y la

Bahía de La Habana. Además se instó al gobierno cubano a incrementar el presupuesto nacional en gastos de infraestructura en la preservación de las cuencas hidráulicas, acueductos, alcantarillados y reciclaje de aguas residuales.

Naturpaz ofreció una Conferencia- debate en el 4th aniversario de la Declaración de Rio en ciudad de la Habana y una de las propuestas en cómo encontrar los recursos dentro del presupuesto nacional para los fines en la "Declaración del Río Almendares" fue descontinuar el servicio militar, desmantelar al ejército y vender todo el armamento para con las ganancias convertir las instalaciones militares en fábricas con objetivos civiles y pagar a los soldados convertidos en obreros.

El 10 Octubre de 1995 se publicó la convocatoria a Concilio Cubano en el periódico El Nuevo Herald de Miami, en los Estados Unidos. Naturpaz participó entre los primeros 150 firmantes y convocantes al evento.

Cuando fui electo como Delegado Nacional de Concilio Cubano por voto directo y secreto del Consejo Coordinador Nacional el 10 de Febrero de 1996 fue representando a Naturpaz dentro de Concilio Cubano.

El evento unitario se proponía crear en consenso una propuesta alternativa básica al Partido Comunista.

El grupo gestor, los patrocinadores, y promotores del evento firmaron una carta dirigida al entonces Presidente de los Consejos de Estados y de Ministros Fidel Castro Ruz exigiéndole permitir al pueblo cubano diferir de su doctrina política y propuesta económica en forma no-violenta en un evento público a tener lugar en Ciudad de La Habana entre los días 24 y 27 de Febrero de 1996. La convocatoria era abierta a todos los cubanos de la diáspora.

El periódico del Sur de la Florida Miami Herald público una foto del Grupo Gestor de Concilio Cubano.

El militar Gerardo Hernández Nordelo, director de una red de espías del gobierno cubano en los Estados Unidos vio la foto en 1995 y reconoció de inmediato a su antiguo compañero de escuela y vecino de barrio.

Yo soy del Rosario que es un barrio más pobre que el Alkázar en el Municipio Arroyo Naranjo, en Ciudad de La Habana. Alkazar es el barrio donde Gerardo Hernández vivía.

Los dos repartos están divididos por la Calzada de Bejucal en Arroyo Naranjo. Gerardo y yo fuimos a la misma escuela primaria "Cesáreo Fernández Díaz" en el Reparto Capri.

También estuvimos juntos en la secundaria "Máximo Gómez" en Arroyo Naranjo.

Nos separamos en el Pre-Universitario; yo me fui al "Cepero Bonilla." A Gerardo lo mandaron para los "Camilitos" o al Pre de la Lenin y lo perdí de vista.

La gente del barrio decía que Gerardo era hijo de un "mayimbe" y parte de esa elite "burguesa" dentro de los comunistas del gobierno que practican el credo "algunas animales son más iguales que otros".

Yo era hijo de una mujer negra, enferma de los nervios y criado por mi abuela en un hogar sin padre.

Al morir mi abuela mi madre quemó sus naves y yo pasé más trabajo que un forro de catre.

Al terminar el Pre-Universitario me lo encontré cuando nos cruzamos en la Calzada de Bejucal él me comentó que estaba estudiando "Relaciones Internacionales" en el Instituto Raúl Roa.

Yo le informé que estaba estudiando Derecho en La Universidad de La Habana.

 La próxima vez que supe de Gerardo fue el año 2000 en Lansing, Michigan. Cuando recibí una llamada del coordinador de refugiados en Lansing alertándome que dos agentes del Buró Federal de Investigaciones querían entrevistarme.

 Reconocí a Gerardo entre un número de caras con similar características. Estaba cambiado casi no pelo rubio en el techo, la calvicie me hizo dudar por instante, pero esa era mi vecino y compañero de escuela Gerardo. Le dije al agente del F.B.I. espérate yo conozco a este hombre, este es Gerardo.

El F.B.I. Me permitió leer varias páginas de las comunicaciones entre Gerardo Hernández Nordelo, su grupo y su comando de la contra- inteligencia en Cuba.

 En la comunicaciones Gerardo Hernández Nordelo no trataba de proteger a Cuba de ataques terroristas, mucho menos proteger a América. Las páginas que leí eran las de Gerardo conspirando para derivar dos aviones en aguas internacionales en el estrecho de la Florida, infiltrar una agrupación eco-pacifista para destruirla, y liquidar la amenaza de Concilio Cubano.

Descubrir la conspiración del jefe de la Red Avispa para destruir Naturpaz me reveló las reales intenciones de la insólita respuesta del Ministerio de Justicia en 1996 a la solicitud de legalización interpuesta ante la funcionaria Marta Mena en 1986.

La respuesta dada por el Ministerio de Justicia negaba la solicitud alegando que existía una asociación con similares fines. ¡Les tomo 10 años fabricar una mentira!

Gerardo envió el nombre de un joven poeta del Reparto a sus superiores en Cuba como el candidato perfecto para infiltrar a Naturpaz porque yo era "un comemierda quien le gustaba las poesías."

Gerardo explicó en sus mensajes al mando en Cuba que había visto mi foto en un periódico en Miami y se ofreció para desarticular mi intento de unir a la oposición en Concilio Cubano.

Gerardo habló muchas cosas más con el FBI acerca de nuestra relación personal, incluso de una novia que ambos tuvimos en común.

El F.B.I. también me mostró múltiples mensajes entre Gerardo y la Seguridad de Estado. Incluyendo las comunicaciones donde recibió felicitaciones y un ascenso en sus grados militares por su "triunfo" y participación en la destrucción de Concilio Cubano, el derivo de dos aviones civiles el 24 de Febrero, y el asesinato de Mario Manuel de la Peña, Carlos Costa, Pablo Morales y Armando Alejandre, cuando ya yo estaba preso.

La perfidia de Gerardo y su red de infiltrados en contra del movimiento opositor cubano no violento y su trabajo para destruir Concilio Cubano me helaron la sangre en las venas. Su alegría al recibir el ascenso, su regocijo en el asesinato de los verdaderos héroes de esta historia me entristeció por su inmundicia.

La fábula que ellos estaban defendiendo al pueblo de USA y de Cuba de unos supuestos terroristas cuando en realidad Gerardo y su comando estaban conspirando para matar la democracia en Cuba no con la llamada superioridad moral de sus ideas políticas pero con una causa de cobardes que es la causa de un tirano.

Solo los cobardes defienden a un tirano en contra de la libertad de su propio pueblo. Las patrañas inspiradas para destruir al compañero de escuela, al vecino del barrio me dejaron sin aliento.

Gerardo despectivamente me describía a sus superiores "sentando en la esquina de Calzada de Bejucal y Calle Primera hablando mierda y leyendo poesías."

"Leyendo poesías," no tratando de comprar dinamita, rifles y granadas.

Gerardo me recordaba leyendo "poesías."

El F.B.I no me forzó a testificar en el Juicio de Gerardo Hernández Nordelo y sus cuatro cómplices.

El F.B.I. me pidió de favor, ofrecer mi testimonio acerca de la naturaleza pacifista de Naturpaz, del carácter civilista de Concilio Cubano porque los cinco ahora estaban diciendo que ellos estaban espiando a "terroristas."

Uno de los Agentes del F.B.I me comentó:

_ "Ahora te puedes vengar."

No respondí de inmediato. Regresé a mi apartamento en Lansing, y medité sobre la gravedad de participar en ese juicio por varios días.

Mi vida no iba a ser la misma. Mi madre y gran parte de mi familia, mis mejores amigos aún viven Cuba.

Venganza no jugó un papel en mi decisión. Gerardo me daba lástima porque ambos en alguna manera éramos víctimas de la tóxica doctrina política de los Castros basada en diferenciar a los cubanos en "buenos y malos" por estar a favor o en contra de ellos. Sin embargo, no participar en el juicio cementaría la falacia de que la Red Avispa luchaba contra el terrorismo.

Como consecuencia Armando Alejandre, Mario Manuel de La Peña, Pablo Morales y Carlos Costa serían considerados terroristas, aliados del terror.

Pensé en las familias de estos cuatro hombres.

Llamé al número de una de las tarjetas ofrecida por uno de los agentes del F.B.I y les dije.

_"Voy a participar"

Después de meditar, concluí que mi deber era con la familia de los muertos y no con las memorias del Gerardo de mi infancia.

Decisión santificada por la vida después que tuve el privilegio de conocer mejor a esos cuatro mártires y sus familias.

Mi participación en el Juicio de los cinco fue solamente para ratificar el carácter pacifista y democrático de Naturpaz y Concilio Cubano.

Una agrupación y un evento que fueron largamente saboteados por Gerardo al frente de la Red Avispa.

He leído artículos de varios periodistas cubanos, extranjeros y hasta de artistas de Hollywood repitiendo las mentiras de Gerardo Hernández Nordelo y sus cuatro bandidos glorificando una ignominia. Periodistas de los periódicos Granma, Trabajadores, y Juventud Rebelde han publicado artículos acusándome de terrorista.

El periodista de Trabajadores Rafael Hojas Martínez, publicó un artículo el 25 de Enero del 2008 titulado "Los excluibles" donde divulga mi nombre en una "lista" de "connotados criminales de origen cubano, que por más de cuatro de décadas han sembrado el luto y el dolor de las familias cubanas."

El más reciente publicado por el periodista Lázaro Barredo Medina el 22 de Febrero del 2016 en la revista Bohemia donde a manera de sorna me llama "el prócer" el mismo apodo usado por Gerardo Hernández Nordelo en su diario para describirme.

Reto a Rafael Hojas Martínez, a Lázaro Barredo Medina, a Gerardo Hernández Nordelo, a sus cómplices y a todos los periodistas cubanos a que muestren las pruebas al pueblo cubano que yo soy un "Terrorista."

Exijo, en caso de que no puedan sustentar tales groseras alegaciones los periódicos antes mencionados publiquen una nota aclarando el error y disculpándose o me veré obligado a demandar a los periódicos y tales periodistas por sus calumniosas, difamatorias y desalmadas mentiras.

En aras de la verdad y la trasparencia voy a ayudarlos. Pudieran comenzar a investigar en el primer lugar que viví después de mi arribo a los Estados Unidos de Norte América.

Investiguen mis actos terroristas en la ciudad de Lansing que es la capital de Michigan donde residí desde el invierno de 1999 hasta el verano del 2005.

Pudieran preguntarles a los miembros de _La Logia Masónica Okemos 252_ situada en 2175 Hamilton Rd, Okemos, MI 48864 teléfono: (517) 999-3089, donde obtuve el grado de Maestro Mason.

Quizás pudieran investigarme interrogando al Rev. C. Peter Dougherty en1516 Jerome St. Lansing, MI 48912-2220, teléfono (517) 484-3178 fundador del *Michigan Peace Team* del cual fui miembro acerca de mi participación en el Equipo de Paz en Michigan y ser parte de los pacifistas en la *Marcha* en Protesta *por la batalla de Fallujah*.

Este último evento fue reportado en el periódico *Lansing State Journal* por el enfrentamiento no-violento que sostuvimos con la Policía.

 Quizás debieran preguntar a algunos de los otros "terroristas" que compartieron esta foto frente al Capitolio en Lansing, Michigan.

No recuerdo el día exacto de la protesta en esa mañana fría. Participé en la primera protesta el 20 de Marzo del 2003 y continúe participando hasta el verano del 2005.

Yo soy el del abrigo carmelita suave, sosteniendo un cartel que lee "Earth to Bush no war!

 Otras organizaciones a las que he pertenezco en los Estado Unidos de Norteamérica es el *Southern Poverty Law Center* (Centro de Derecho Pobreza Sureña) del que soy miembro desde el 2004 donde recibí el Honor de que mi nombre fuera cincelado en el *Muro por La Tolerancia*.

Este es un centro fundado por el abogado Norteamericano Morris Dees, y la activista por los Derechos Humanos Rose Park cuya misión es propagar tolerancia, ayudar a los pobres y las minorías en sus demandas legales y denunciar la actividad de los grupos promotores de odio, violencia, y terrorismo doméstico en la sociedad norteamericana.

Igualmente desde 2004 soy miembro de la American Civil Liberties Union (La Unión de Derechos Civiles Norteamericana) que se dedica a defender los derechos Constitucionales de los Ciudadanos Norteamericanos, especialmente de grupos minoritarios como los homosexuales, lesbianas, transexuales, hispanos y negros.

En el 2015 fui miembro como estudiante de Derecho de la Sección de Derecho Ambiental y Recursos Naturales de la American Bar Association (La Asociación de Juristas Norteamericanos).

En Michigan trabajé en la fábrica Trumark. Inc. como operador de prensa desde Octubre 1999 hasta el

2001, mi turno era el tercero comenzaba a las 11 de la noche y terminaba a las siete de la mañana.

Al terminar mi trabajo llegaba a mi casa me daba una ducha, transportaba a mi hijo Leonel (Jr) a la señora cubana que lo cuidaba y me iba a estudiar Inglés a una escuela pública.

Del 2002-2004 trabajé como Panadero en la Panadería- Dulcería Bake n' Cake en Kalamazo Street, mientras estudiaba en Colegio Comunitario de Lansing para obtener un título de Negocios con una especialidad en Derecho.   También Repartí periódicos y limpie baños.

Terminé la mayoría de los créditos para mi diploma en el 2005 con solo pendiente el crédito de matemáticas superior.

Mi familia decidió moverse para la Florida en el verano del 2005. Al llegar a la Florida trabajé cinco años en la fábrica de Aviones   Piper Inc.

Gracias a lo cual le compré una casa a mi familia con la ayuda de un plan del gobierno norteamericano que facilita prestamos de instituciones bancarias privadas a los trabajadores norteamericanos.

Recibí el diploma del Colegio en Lansing, en Mayo del 2010 cuando logré terminar los créditos de matemáticas en la escuela *Indian River State College*, en Florida.

 Trabajó desde el 2012 como Asistente Legal (Paralegal) en la sección de delitos graves (Felonías) para Alan D. Hunt, Abogado Principal en la Oficina del Defensor Público en el Tribunal de Vero Beach mientras trato de terminar mis estudios de Derecho.

El pasado 2 de Junio celebre Bodas de Plata con mi esposa Zohiris Morejón tras 25 años de casados. Zohiris la madre de mi hija Leiris y mi hijo Leonel.

Zohiris la dadora de vida quien es mi espalda.

Este es un resumen a largos brochazos de mi vida como terrorista en los Estados Unidos de Norteamérica.

IV.LA PREGUNTA

La Seguridad del Estado me ofreció trabajo como Agente en dos ocasiones. La primera vez en el momento más crítico de Concilio Cubano a finales de Enero, en 1996.

Me arrestaron en las calles de La Habana dos agentes de la Seguridad de Estado que se decían llamar "Lucas" y "Luis Mariano." Me vendaron los ojos y obligaron a doblar el torso hasta que me mi cabeza casi tocara mis rodillas.

Cuando me permitieron levantar el torso y me quitaron la venda de los ojos, estábamos al frente dos largas puertas de perle con madera detrás del perle era imposible mirar hacia dentro.

Las puertas se abrieron con un mecanismo eléctrico desde adentro revelando una gran patio, un garaje con varios Ladas y una bella mansión, cuando escuche a Luis Mariano en un boqui toqui.

_"Tengo la paloma" Repito "Tengo la Paloma."

_"Coño, chico no pudieron nombrarme el Halcón o el Gavilán." Riposte en forma de burla, para disimular el miedo.

La casa tenía criadas y gente que al parecer servían como camareros.

Me llevaron a un salón donde me esperaba un Oficial de la Inteligencia Cubana quien se presentó como el Coronel "Felipe."

Felipe era un hombre blanco extremadamente pálido, usaba unos raros espejuelos con grueso cristales color verde botella.

La negrura de su pelo no compaginaba con la textura de su piel.

La gravedad en la textura de su voz parecía intentar ratificarme que él era un hombre importante.

Felipe que decía responder solo directamente "al comandante en Jefe."

_ "Te queremos pedir disculpas por el error de algunos compañeros revolucionarios con NATURPAZ, pero eso fue un error de los hombres no de la revolución, Leonel."

_ "Los Norteamericanos están usando Concilio Cubano para atacar a la Revolución y eso no vamos a permitirlo.

 Vengo a transmitirte órdenes superiores, que si estás dispuesto a renunciar a la idea de Concilio y a participar en un programa de televisión explicando que fue una idea creada por el Gobierno Norteamericano nosotros vamos a permitirte NATURPAZ."

_"En definitiva Leonel," continuó Felipe. "Nosotros sabemos que tú querías ser médico antes de ser Abogado, Naturpaz va a ser legal, tu puedes comenzar a estudiar medicina, tu eres todavía un hombre joven y vas a ser conocido como un agente nuestro infiltrado en este negocio de la disidencia."

_ "Nosotros somos un sistema, mientras tu estas durmiendo tenemos ochocientas gentes trabajando en como destruir Concilio Cubano.

Esa idea no tiene futuro, pero Leonel el revolucionario, el joven militante de la Unión de Jóvenes Comunista, el sobrino de Mario Almagro Rodríguez, mártir Internacionalista caído en Angola tiene un futuro en Cuba."

_ ¿Cuál de tus dos hijos tú quieres más, Concilio Cubano o Naturpaz? Me pregunto Felipe mirándome a los ojos.

Le respondí…

_ "Los hijos se quieren por igual. Te agradezco las disculpas, no obstante, Roma le pagaba a sus traidores, pero no los perdona.

Creo que es muy tarde para cambiar de rumbo, no voy a participar en ningún programa de televisión, porque yo tengo necesidad de mirarme en un espejo."

IV. Juragua

La segunda ocasión fue en Ariza, Cienfuegos. En la prisión de Ariza los prisioneros se inyectaban petróleo en el cuerpo para ser trasladados a la enfermería y comer mejor.

Los recuentos eran dos veces al día y los guardias te entraban a palos si no te levantabas de la cama a tiempo, la comida era tan escasa y mala que para comérsela había que tenerlo asco a la vida.

El médico mandaba aspirinas para úlceras gástricas y recibíamos sol cada 6 semanas.

Una semana antes de la propuesta, el Coronel Sobrepera de la Contrainteligencia Militar me sacó de la prisión con ropas civiles para darme un "regalo" por mi cumpleaños. Yo pensaba que iba a ser trasladado de vuelta a Villa Marista.

Para mi sorpresa me montaron en un carro japonés nuevo y me llevaron en una caravana a la Central Electronuclear de Juragua.

_ "Sobrepera, me ha informado que usted es un ecologista que se opone a la construcción de nuestra Central Electronuclear y lo ha invitado para que yo lo camine, le muestre la planta y le demuestre que este es un proyecto seguro y necesario para Cuba."

Me informó el Ingeniero Jefe del Proyecto Sr. "De la Paz."

Al finalizar el circo, le volví a repetir mi oposición a la construcción de la Planta Electronuclear. También les dije que era una pena que no hubieran invitado a la prensa y a la televisión nacional para documentar mi visita en lo que pudiera ser considerado el primer dialogo entre el Gobierno Cubano y la oposición.

Inste al Coronel a abrir las puertas al debate público sobre la utilidad de la planta y sus riesgos.

El Coronel Sobrepera balbuceó:

_ "Pudiéramos invitar a los fotógrafos que nos tiren una foto, que tomen algunos videos de tu visita y yo voy a tramitar tu solicitud al comando central.

Deberíamos, abrir una botella de vino para celebrar este inicio de dialogo, pero seguro no vas a tomar con nosotros por miedo a tus amigos de Miami."

_ "Yo soy un opositor pacifico, abogado, nacido con la revolución, negro, y tengo las manos limpias de sangre, cuando me opongo a la construcción de esta planta, electronuclear lo hago para ayudar a tus hijos… Sobrepera, abre la botella y tira las fotos."

Una semana después el agente Pepín quien decía ser parte del "Grupo de Apoyo al Comandante en Jefe" me visitó en Ariza con similar propuesta a la de Felipe. Rechacé su oferta diciéndole.

_ "Hay mucha suciedad que limpiar en Cuba y Fidel es un jabón gastado.

El país necesita nuevos líderes. Tú me caes bien Pepín tu debieras postularte para la Asamblea Nacional y yo a lo mejor voto por ti."

 Pepín no pudo disimular su molestia en comparar a Fidel con un jabón gastado. Me dijo.

_ "Fidel es la única persona en el mundo por la que me alejo de mis hijos y mi esposa. Estoy dispuesto a morirme por Fidel." Decía Pepín, mientras se mantenía hablando constantemente sobre la "seguridad de mi familia, y de mi hija Leiris.

_ "Piensa en tu familia."

_ "Piensa sobre todo en la salud y la seguridad de tu hija y tu familia." Expresaba, Pepín.

Sentí una punzada helada golpearme el estómago. Recordé uno de los momentos más terribles en mi prisión en Villa Marista, cuando el Mayor Soroa me sacó de la tapiada para informarme que mi hija Leiris estaba muy grave en una cama de Hospital por accidentalmente haberse bebido una botella con "salfuman," mi familia me aclaró que fue un trágico accidente pero, fue la primera imagen que me vino a la cabeza.

Pepín puso mucha presión con respecto a "futuros" actos terroristas que iban a tener lugar en Cuba. Le dije a Pepín.

_ "En caso de saber de un acto terrorista va a ser cometido, te voy a llamar para informarte. Yo también estoy en contra del terrorismo." Ese fue el único punto en que acepte colaborar.

Pepín, insistió que debíamos mantener contacto para en caso de enterrarme de un acto terrorista me comunicara e insistió en crear un nombre en clave para comunicarme. Un nombre solo conocido por ambos.

_ "Vorga" Respondí.

A mi salida de prisión, Pepín, me arrestó en Pogolotti, Marianao para quitarme la segunda carta dirigida a Castro insistiendo en la celebración de Concilio Cubano.

_ "Oye, yo creo que teníamos un acuerdo y que tu ibas a consultarme antes de hacer algo, esa carta dirigida al comandante no está autorizada por el mando."

_ "La carta no es un acto terrorista, es una acción opositora no-violenta, y yo soy un opositor pacifico." Respondí.

_ "Es una pena que no aceptaras 'cooperar' con nosotros yo pensé que tú eras más inteligente. No entiendes, hasta los americanos consultan con nosotros. Tú puedes llegar lejos si consultas, hay otros que consultan y nosotros le dejamos hacer algunas cosas.   Es mejor un buen arreglo que una mala pelea. Te estoy protegiendo de algunos de mis compañeros que quieren matarte."

_ "El que por su gusto muere, la muerte le sabe a gloria" y le di una palmadita en la espalda.

Antes que me quitaran a Pepín y su silencioso "socio" Ramiro quien nunca hablaba en oraciones completas.

Ellos detuvieron a mi esposa en 100 y Aldabo. La instruyeron de cargos por asesinar a una anciana inexistente, y sucesivamente de vender narcóticos (cocaína), y falsificar avales. Todos los cargos fabricados.

_"Presenta tu salida del país en la Oficina de Intereses y la sacamos de 100 y Aldabo."-

Me respondió Pepín, cuando le exigí pruebas de cada uno de los sórdidos inventos.

Cuando sacaron a mi esposa me llevaron detenido a mí para 100 y Aldabo y le dijeron a ella.

_ "Carlos Alberto Montaner le envió a Leonel un poderoso explosivo en polvo para volar la torre de televisión de Santiago de Cuba cuando el visitó la ciudad para promover Concilio Cubano en compañía de Osvaldo Alfonso Valdez. Tenemos el explosivo y esto es 30 años o pena de muerte."

Osvaldo era el Presidente del Partido Liberal Democrático Cubano a mi salida de prisión y un ferviente promotor de la idea del Concilio.

Después se le informó a mi esposa:

_ "¿Quizás se pueda evitar el juicio si presenta su salida en la Oficina de Intereses?"-

V. El ASESINATO DE UN ARBOL

A partir de Septiembre de 1998, Naturpaz emprendió una fuerte campaña en oposición a los planes de construir el Aeropuerto Internacional en Cayo Coco y exigió contabilidad pública al ritmo constructivo invasivo en delicados ecosistemas en los cayos del Archipiélago.

El gobierno ignoró todas las peticiones de la agrupación.

El Aeropuerto Internacional de Cayo Coco es no solo una abominación ecológica, es una aberración legal.

El Artículo 27 de la Ley Forestal 85/98 Aprobada por la Asamblea Nacional del Poder Popular estableció un régimen especial para los bosques de los cayos porque esos bosques mantienen un habitad favorable para la reproducción y el desarrollo de fauna silvestre endémica y solo puede existir cortes de mejora.

Por consecuente la construcción del Aeropuerto Internacional era imposible sin derivar parte de la riqueza arbórea en Cayo Coco. Además el Artículo 27 de la Ley del Medio Ambiente 81/97 –Sobre la Evaluación del Impacto Ambiental y el Artículo 28 estableció que era obligatorio someter a la consideración del Ministerio de Ciencia y Tecnología y Medio Ambiente las obras que se construyan en Cuba entre otras:

I) _Aeropuertos_ y puertos.

z) Cualquier obra que tenga lugar en ecosistemas frágiles, o _alteren significativamente los ecosistemas_.

Sin embargo una investigación desarrollada por Naturpaz descubrió que no existió evaluación de impacto ambiental.

La Sra. Miriam Arcia (especialista del Centro de Inspección y Control Ambiental), del Ministerio de Ciencia Tecnología y Medio Ambiente personalmente me informó en 1999.

-"No existía EVALUACION DEL IMPACTO AMBIENTAL".

- "Lo que se otorgó fue una licencia para una investigación topográfica a favor del Instituto de Aeronáutica Civil Cubana".

Naturpaz deseaba leer la evaluación de impacto ambiental y la Licencia Ambiental que autorizaba la construcción del aeropuerto en Cayo Coco, cosa a la que teníamos derecho según la propia Asesora Jurídica de Política Ambiental del Ministerio de Ciencia, Tecnología y Medio Ambiente.

La ley establece la obligación de la Licencia Ambiental y la Evaluación de Impacto como procedimientos previos ineludibles para comenzar la construcción de un aeropuerto en Cuba.

La investigación de Naturpaz en el Centro de información, Gestión y Educación Ambiental dirigido por el Doctor Jorge Mario García y el Centro de Inspección y Control Ambiental, dirigido por la Doctora Silvia Álvarez Rosell en 1999 no pudo encontrar información de la Evaluación de Impacto, pues no existía la Licencia Ambiental.

El Aeropuerto se construyó por obra y gracia de Fidel Castro en violación de la Ley Forestal 85/98, La Ley de Medio-Ambiente 81/97 y en lacaya complicidad del Presidente del Consejo de Estado, Ricardo Alarcón de Quesada, la Ministra de Ciencia Tecnología y Medio Ambiente Rosa Elena Simeón Negrín, y finalmente del entonces Consejo de Gobierno del Tribunal Supremo de la Republica, al negarse a encausar criminalmente a los funcionarios que violando la Constitución Socialista Cubana, se negaron a responder a las peticiones de ciudadanos cubanos representados en la demanda legal interpuesta por Naturpaz ante el Tribunal Supremo solicitando un proceso criminal para los mencionados funcionarios públicos, Castro Ruz, Alarcón de Quesada, y Simeón Negrín.

La Agrupación Naturpaz también solicitó al Tribunal Supremo la suspensión de toda posible obra, estudio o proyecto que pretendía   construir un aeropuerto internacional en Cayo Coco, o en cualquier otro Cayo por ser contrario a derecho.

La   aplicación de una sanción monetaria a las compañías responsables de tales inversiones para rehabilitar los daños causados a la zona, y el congelamiento al desarrollo de construcciones.

Cuando el Tribunal Supremo se negó a obedecer la ley cubana. Naturpaz convocó a todos los habaneros a protestar la violación de las leyes y la construcción del Aeropuerto a través de la radio José Martí en una manifestación pública.

La cita fue bajo la "sombra" de la caoba en el Parque Lenin. Habían transcurrido trece años y la caoba se erguía vigorosa   exhibiendo sus curujeyes y numerosos nidos.

La policía me arrestó a dos cuadras de mi casa junto a otras 5 personas que me acompañaban cuando me dirigía a la manifestación y fui conducido al técnico de 100 y Aldabo.

El gobierno movilizó a los trabajadores del Parque Lenin para improvisar una fiesta en las cercanías de la caoba. Mientras sus agentes montaron tres cercos alrededor del árbol y arrestaban a todos los ciudadanos, activistas y periodistas y fueron expulsados del área. Al siguiente día aplicaron un potente químico y mataron al árbol.

VI. PERPETUM MOBILE

Naturpaz sobrevivió mi exilio. El reverendo Pedro Crespo Jiménez, fue el primer Presidente de la Agrupación eco-pacifista en continuar su presencia eco-pacifista y su mensaje opositor.

Entre otros nombres que ocuparon la presidencia del grupo se destacaron Osmany Garcia Ballart y Rolando Luis Ramírez Cabrera quienes por muchos años continuaron su labor opositora.

En un país donde no se puede protestar una guerra, o una decisión gubernamental que ilegalmente pudiera afectar al medio ambiente. Naturpaz ha ajustado gran parte de su activismo a participar en el movimiento opositor in general exigiendo el derecho a tener derechos, y construir una democracia inclusiva para todos los cubanos.

Tendencia comenzada en mi gestión como Presidente cuando Naturpaz se unió a la Fundación Lawton de

Derechos Humanos para convocar al ayuno de Tamarindo 34 en Santos Suarez.

Las ideas justas y necesarias engendran luz a perpetum mobile. Fidel Castro Ruz y la Seguridad del Estado cubano creyeron que matando la caoba asesinarían la idea que sembró el árbol. Fracasaron. Naturpaz continuó y continuará.

La historia eterna junto al hombre juzgara al clan de los Castros y sus vasallos por cincuenta siete años de violaciones a su pueblo.

Ese pueblo que Naturpaz ha representado tan dignamente en la oposición.

Ese pueblo al que el vasallo Gerardo Hernández Nordelo infiltró y traicionó.

Ya no estoy en Cuba, acá le envió estas fotos a Gerardo. Estos son los nuevos terroristas a los que él y sus cómplices combaten, ahora sin pretextos, azuzando el odio entre cubanos, la violencia fratricida y el abuso en contra de las Damas de Blanco; y estos nuevos miembros de Naturpaz que aun reclaman el derecho a una voz.

Este activismo opositor difiere en muchos casos a los tradicionales roles reservados a grupos pacifistas y ecologistas del resto de las democracias modernas. Debido a las condiciones sui generis del totalitarismo cubano, donde es impensable ejercer el derecho a ejercer un pacifismo independiente a la ideología oficialista.

Paradójicamente, la verdad inconveniente es que la mayoría de las agrupaciones eco-pacifistas mundiales afiliadas dentro de coaliciones izquierda y socialistas no han exigido contabilidad al Gobierno Comunista Cubano por la represión contra los pacifistas y ecologistas cubanos sin embargo han aceptado y propagado el apócrifo icono celestial Che Guevara, un cachivache guerrillero devenido venerable gracias a la propaganda comunista de los Castro.

Las Agrupaciones eco-pacifistas mundiales, los artistas de Hollywood que hoy pasean en La Habana ni tan siquiera han cuestionado el derecho elemental que Naturpaz ha pedido por 30 largos años. El Derecho a existir.